AF260022

LES TARTUFES

DE

LA COMMUNE

1871

PARIS

LE BAILLY, ÉDITEUR-LIBRAIRE

Rue de l'Abbaye-Saint-Germain-des-Prés, 2 *bis,*
et rue Cardinale, 6

—

1871

LES

TARTUFES

DE

LA COMMUNE.

————

La Commune est née, au Moyen Age, de l'oppression des seigneurs. Écrasés de vexations de toutes sortes, taillables et corvéables à merci, les vilains et les bourgeois cherchèrent naturellement à mettre à l'abri de la violence leurs biens et leurs personnes. A cette époque, le mouvement communal fut donc purement défensif. Si les populations urbaines et rurales sollicitèrent des franchises municipales, c'était pour échapper à l'avidité et aux brutalités des classes privilégiées et non par amour platonique de la liberté.

Le chaos et l'arbitraire régnaient dans la société du Moyen Age ; l'autorité royale y était, à tout instant, mise en péril par les seigneurs devenus assez puissants pour la combattre, les armes à la main. La noblesse menaçait le roi et écrasait le peuple ; cet état de choses ne pouvait durer. Les communes opprimées trouvèrent dans la royauté un énergique appui. Amoindrir la puissance féodale au profit du pouvoir royal, telle fut la portée de ce mouvement parti d'en bas. Les rois favorisèrent ces tendances d'affranchissement dans l'espoir d'étendre leur autorité ; les communes, elles, en haine des seigneurs, contribuèrent, pour ainsi dire d'une façon inconsciente, à constituer l'unité de pouvoir.

Louis le Gros commença contre la féodalité cette campagne qui devait être si profitable à la France ; Louis le Jeune, comme son père, favorisa les libertés communales, et quand, à Bouvines, Philippe-Auguste, renversé de son cheval, était sur le point de périr, ce furent les gens des communes qui le sauvèrent. Les populations roturières des villes et des campagnes, reconnaissantes des franchises accordées, scellèrent ainsi, sur le champ de bataille leur union avec la royauté.

Grâce à ces libertés municipales, l'autorité souveraine s'accrut. Saint Louis mit résolument son pouvoir hors de l'atteinte des seigneurs ; mais, craignant, d'un autre côté, les excès pouvant naître de l'institution communale, il modifia les franchises octroyées et les centralisa en ses mains. Malgré ces sages précautions, les antipathies populaires firent, plus tard, explosion contre la noblesse. Nous venions de perdre la bataille de Poitiers ; le roi Jean était prisonnier des Anglais et notre armée dispersée. Les communes, profitant de cet immense désastre, se jetèrent sur les châteaux pendant que leur complice, Marcel, prévôt des marchands, révolutionnait Paris et violentait le dauphin ; cette révolte fut étouffée.

Instruits par ces tristes événements, les rois, qui succédèrent à Jean le Bon, subordonnèrent plus directement, plus étroitement, les prérogatives municipales à l'autorité royale ; l'harmonie finit par se rétablir peu à peu entre le trône et les communes ; et la féodalité, tenue en échec et enveloppée dans un réseau de libertés relatives, n'eut que de rares retours offensifs contre la royauté. Désormais impuissante contre le roi et détestée par la bourgeoisie, elle succomba enfin sous l'astuce de Louis XI et la main de fer de Richelieu. Des institutions communales et des ruines du système féodal surgirent les États-Généraux qui devinrent *Assemblée nationale* et *Constituante*, et préparèrent l'avénement de la nation.

Inscrivons ici la naissance de la Commune insurrectionnelle de Paris. Il fallait du sang pour signer cet acte. On immola, en place de Grève, trois victimes : Flesselles, Foulon et Berthier, et le peuple souverain, content de son œuvre, marcha sur la Bastille, prit cette forteresse et, comme cela se pratique d'ordinaire, s'en alla, le cœur léger, à l'Hôtel-de-Ville installer le gouvernement de son choix.

Quand, sous l'Assemblée législative et la Convention, sonna l'heure des vengeances et des revendications populaires, la Commune de Paris, appuyée sur les clubs et les faubourgs, s'empara de l'autorité. Elle mit d'abord la main sur la direction de la police, et, en haine du clergé et de la noblesse, constitua un comité de surveillance dont Marat, le Raoul Rigault de l'époque, fut nommé président. Appeler à ces fonctions un homme qui demandait, d'un coup, deux cent mille têtes, c'était un crime de lèse-humanité. On livrait ainsi, sans défense, toutes nos gloires et toutes nos vertus aux appétits sanguinaires de la bête fauve qui s'intitulait l'*Ami du peuple.*

La police, accompagnée de ses arrestations, ne suffisant pas à la Commune, elle fit décréter, le 17 août 1792, la création d'un tribunal jugeant les prétendus traîtres, *sans appel.* C'était la dictature de l'échafaud qui ne le cédait en rien à l'ancienne dictature du *conseil des Dix* et du tribunal de l'*Inquisition.* On avait les moyens d'arrêter et d'emprisonner les citoyens, il fallait bien que l'on eût la faculté de les faire exécuter.

Les prisons se remplirent promptement. Longwy avait capitulé ; les Prussiens s'avançaient. Le tribunal, chargé de juger les traîtres, ne fonctionnant pas assez vite, Danton se rendit au comité révolutionnaire de la Commune et proposa d'exterminer les prisonniers ; les massacres de Septembre eurent lieu. Ce fut une immolation en masse, sans distinction d'âge ni de sexe et *sans jugement.* A cette époque néfaste, comme en 1871, les prêtres furent les premières victimes. Les bras nus, les pieds dans le sang et fous de carnage, les exécuteurs, pendant trois jours et trois nuits, frappèrent sans relâche. Cette sanglante besogne terminée, les membres de la Commune revendiquèrent hautement leur part de responsabilité dans ces affreux événements. « Nous « marchons à l'ennemi, disaient-ils dans une circulaire « adressée aux départements, mais nous ne laissons pas « derrière nous des brigands pour égorger nos femmes « et nos enfants. » Ces bourreaux faisaient ainsi froidement allusion aux hécatombes de Septembre.

Maîtresse de la police et des tribunaux, maîtresse des assemblées qu'elle dominait par ses farouches résolutions et par les insurrections, la Commune de Paris obtint de la Convention la permanence de l'échafaud sur la place publique, les exécutions en masse, l'établissement d'un comité central révolutionnaire, véritable officine de dénonciations, la mort de l'infortuné Louis XVI, de Marie-Antoinette, de madame Elisabeth, sœur du roi et des Girondins. Frappée à son tour, par Robespierre, pour cause d'athéisme et d'immoralité, on la vit ramper à ses pieds et contribuer encore à la chute de Danton, dont elle partageait cependant les idées de centralisation et d'unité nationale.

En présence de tant de crimes et de tant de sang répandu, les hommes de la Commune de 1792 ne pouvaient inspirer ni sympathie, ni pitié ; mais on doit dire, à leur décharge, qu'ils voulurent la France indivisible et forte. Athées, turbulents dans la rue, implacables à l'égard de leurs adversaires, immoraux dans la vie privée, passionnés jusqu'au délire et fanatiques jusqu'au crime, ils prêchèrent, du moins, avec une énergie endiablée, la guerre sainte contre l'étranger et surent mourir tous en défendant Robespierre, leur idole.

Loin d'offrir même ce spectacle de la conviction mise au service d'une détestable cause, loin de manifester sa haine contre l'ennemi, campé à Saint-Denis, la Commune de 1871 fut pleine de connivences et d'attentions pour les Prussiens, et, quand vint l'heure des responsabilités, on vit les chefs de ce mouvement anti social semer l'incendie et déserter leur poste de combat après avoir préalablement rempli leurs poches.

Nous n'avons ni le goût, ni le loisir d'examiner les dossiers de ces vulgaires malfaiteurs et de tracer leur histoire; mais nous nous sommes imposé la tâche de caractériser les doctrines sociales et politiques de ces hommes que l'on peut, à juste titre, appeler les *Tartufes du socialisme.* Qu'on en juge :

Ils demandent impérieusement des chassepots au gouvernement de la Défense nationale pour marcher à l'ennemi et fuient lâchement de nos avant-postes avec l'arrière-pensée criminelle de faire le 31 octobre, le 22 janvier et le 18 mars ;

Ils s'emparent des canons de l'avenue de Wagram pour combattre les Prussiens et les tournent contre nous ;

Ils placent, dans leurs affiches, la sécurité des citoyens sous la protection de la garde nationale et se servent effrontément de cette même garde nationale pour faire procéder à des perquisitions et à des arrestations illégales ;

Ils respectent, par décision officielle, la liberté individuelle et se livrent à des incorporations forcées dans les bataillons de marche et *à la chasse à l'homme;*

Ils abolissent la conscription et décrètent que tout citoyen doit être soldat ;

Ils brûlent la guillotine et jouent du chassepot ;

Ils lèvent l'état de siége et terrorisent les populations par des exécutions sommaires ;

Ils accordent une amnistie pleine et entière pour les crimes et délits politiques et encombrent les prisons d'innocents ;

Ils proclament la liberté de la presse, et suppriment les journaux ;

Ils parlent de fraternité et fusillent les otages sans pitié ;

Ils inscrivent sur les murs : *Mort aux voleurs,* et pillent les magasins des particuliers et les caisses publiques ;

Ils proclament la liberté de conscience et ferment les églises après avoir emprisonné les prêtres et mis les sœurs de charité à Saint-Lazare ;

Ils repoussent l'autorité et le despotisme sous toutes leurs formes et établissent des cours martiales et un comité dictatorial de *salut public* qui tiennent, à leur merci, la vie et l'honneur des citoyens ;

Ils revendiquent la première place à la tête de la civilisation et incendient nos monuments et nos chefs-d'œuvre, la plus haute manifestation de la pensée humaine ;

Enfin, ils émettent les théories les plus séduisantes en apparence et les démentent aussitôt par des actes de la plus brutale sauvagerie.

L'avénement de la Commune, c'est Charenton doublé de l'Inquisition au pouvoir.

Afin de mieux définir les affreuses doctrines et les insanités matérialistes de la Commune, laissons la parole au citoyen Vésinier, l'un des purs :

« Pour arriver au but, travailleurs, il ne nous suffit
« pas, dit-il, d'être unis contre l'ennemi commun, il faut
« marcher au combat la tête haute et d'un cœur
« hardi.

« Il nous faut vaincre ou mourir. Pour cela, il nous
« faut hardiment nier *Dieu,* la *famille,* la *patrie.*

« Il faut soustraire nos enfants au joug abrutissant
« des prêtres, des rois, des nationalités.

« Nier Dieu, c'est affirmer l'homme unique et véri-

« table soutien de ses destinées, c'est tuer le prêtre et
« la religion.

« La négation de la divinité, c'est l'homme s'affir-
« mant dans sa force et sa liberté.

« Quant à la famille, nous la repoussons de toutes
« nos forces, au nom de l'émancipation du genre hu-
« main.

« C'est à la famille que nous devons l'esclavage de
« la femme, l'abrutissement de l'enfance.

« L'enfant appartient à la société, et non à ses pa-
« rents : à la société de l'instruire, de l'élever, d'en faire
« un citoyen.

« Quant aux parents, *ils ne doivent que la repro-
« duction*.

« Nier la famille, c'est affirmer l'indépendance de
« l'homme dès le berceau, c'est arracher la femme à
« l'esclavage où l'ont jetée les prêtres et une civilisation
« pourrie.

« Quant à la patrie, nous la répudions, parce que
« nous n'acceptons pas qu'on puisse faire égorger des
« hommes au nom des nationalités.

« Tous les travailleurs, tous les prolétaires sont
« frères ; l'ennemi, c'est la société telle qu'elle est orga-
« nisée.

« La société est mauvaise, donc il faut la changer.

« Travailleurs de tous pays, à l'œuvre !

« Guerre impitoyable au capital, à la propriété, et à
« tous les gouvernements qui les protégent.

« Le droit au travail pour tous, l'atelier à tous, la
« propriété à tous, voilà notre but.

« Pour y parvenir, nous n'épargnerons rien ; nous
« combattrons, nous mourrons, s'il le faut, à l'ombre

« du drapeau rouge, étendard du socialisme de la Com-
« mune. »

Ainsi, Dieu, espérance de toute conscience pure ; la patrie, qui est le but le plus élevé des aspirations humaines ; la famille, qui soutient notre courage dans les épreuves de la vie ; l'enfant, qui sourit à ses parents ; le prêtre, qui console, et la sœur de charité, qui soigne les malades au péril de son existence, le citoyen Vésinier et ses adeptes veulent, d'un trait de plume, effacer tout cela de nos institutions et de nos mœurs, en attendant qu'ils puissent l'effacer de nos cœurs à coups de chassepot. Ces messieurs, pardon, ces citoyens déclareraient volontiers saint Paul et Bossuet crétins, à cause de leur science théologique, Jeanne d'Arc, idiote, à cause de son patriotisme et de son martyre, et saint Vincent de Paul, ramolli, à cause de ses bienfaits et de sa charité.

A ce compte, au nom d'une fraternité qui ne s'est affirmée, jusqu'à présent, que par des fusillades, des massacres et des incendies, il serait défendu d'adorer Dieu, d'aimer sa mère, d'entourer de prévenances et de soins son père infirme, de recevoir les caresses de son enfant ;

A ce compte, on devrait renier ses véritables frères, honnêtes et bien élevés, pour aller, à Belleville, à Montmartre ou rue Mouffetard, chercher des frères malpropres et sentant le vin ; il faudrait répudier tous les sentiments et toutes les délicatesses qui font les joies de la vie ;

A ce compte, toujours au nom de cette fraternité équivoque, on pourrait livrer sa patrie à l'étranger et dormir tranquille ; on pourrait, sans frémir d'indignation, voir cracher sur tout ce que nous aimons et respectons.

C'est la folie dans le crime.

Dans une société bien organisée, on devrait arrêter les scélérats qui, sains de corps et d'esprit, émettraient de pareilles doctrines, les coller au mur, et, sans autres formes de procès, en faire bonne et prompte justice ; ou, en cas de démence dûment constatée, leur passer la camisole de force et les enfermer à Charenton.

Arrivons aux théories politiques du gouvernement du 18 mars. Elles se résument ainsi : autonomie communale, c'est-à-dire, affranchissement de toutes les communes de France de l'impulsion du pouvoir central ; comme conséquences : division à l'infini de l'autorité et décentralisation à outrance, conduisant à l'impuissance nationale.

« Voulez-vous, dit M. Thiers, que la Commune soit
« souveraine ; voulez-vous que non-seulement chaque
« ville nomme ses représentants, mais qu'elle nomme
« ses chefs ; que chaque ville soit une république ;
« qu'elle ait son armée, son général, c'est-à-dire qu'il
« y ait en France 37,000 républiques, ayant chacune
« son armée ? Mais c'est le plus absurde, le plus inso-
« lent démenti à la Révolution française ! C'est la disso-
« lution de l'unité nationale, qui est toute notre destinée,
« qui, commencée il y a dix siècles, a été complétée par
« la Révolution française. »

Mazzini, ce révolutionnaire cosmopolite, qui n'a pas souvent l'habitude de se trouver d'accord avec M. Thiers sur le terrain politique, s'exprime ainsi au sujet de la Commune : « Cette insurrection, dit-il, qui a soudai-
« nement éclaté, sans plan préconçu, mêlée à un élé-
« ment socialiste purement négatif, devait inévitable-

« ment aboutir à une explosion de matérialisme et finir
« par accepter un principe d'action, qui, s'il avait jamais
« force de loi, rejetterait la France dans les ténèbres du
« Moyen Age et lui enlèverait, pour des siècles, tout
« espoir de résurrection. »

« Ce principe, ajoute-t-il, est la souveraineté de l'in-
« dividu qui ne peut amener qu'une indulgence person-
« nelle illimitée, que la destruction de toute autorité et
« que la négation absolue de l'existence nationale. Il est
« aussi sensé de concéder à chaque famille l'autorité
« absolue que de la donner à la Commune. »

Ne pourrait-on pas opposer aussi, avec beaucoup d'à-
propos, aux idées de décentralisation à outrance et d'indépendance communale, les admirables et concluantes
paroles que Danton, ce grand criminel de Septembre,
adressait à Gensonné, accusé de fédéralisme : « La
« France, s'écriait-il, n'est ni à Lille, ni à Marseille, ni
« à Lyon, ni à Bordeaux, elle est tout entière où l'on
« pense, où l'on agit, où l'on combat pour elle ! Il n'y
« a plus de départements, plus d'intérêts séparés, plus
« de géographie ; il n'y a qu'un peuple, il ne doit y
« avoir qu'une République. Partout où on a à la sauver,
« là est la France, là est la Nation une, entière, indi-
« visible. Allez, vous êtes des hommes de démembre-
« ment ! Vous nous accusez d'asservir les départements,
« nous vous accusons de décapiter la République. Les-
« quels de nous sont les plus coupables ? Vous voulez
« morceler la République pour qu'elle soit faible et vul-
« nérable dans tous ses membres ; nous voulons décla-
« rer la liberté indivisible comme la Nation pour qu'elle
« soit inattaquable dans sa tête. »

L'idée de l'indépendance communale découle de l'idée

fédéraliste, patronnée autrefois par les Girondins. Diviser la République en groupes distincts, autonomes, reliés cependant au pouvoir central par un contrat volontaire et pouvant, dans un moment donné, faire contrepoids à l'influence turbulente et parfois tyrannique de Paris, telle fut la pensée de ces hommes d'État. Ils payèrent de leurs têtes ces rêves politiques tendant à la désagrégation de l'unité et de l'indivisibilité nationales.

Proudhon, lui, ramassa cette idée au pied de l'échafaud des Girondins, et, dans un ouvrage intitulé : *du Principe fédératif*, développa une suite de propositions paradoxales qui constituent, à présent, le catéchisme de l'*Internationale* et qui nous ont conduits à la ruine et à la déconsidération par l'établissement de la Commune.

Jaloux de sa trouvaille, ce sinistre réformateur prit un soin extrême à définir le gouvernement de son choix qui devait nous coûter si cher : « La *Fédération*, dit-« il, est une convention par laquelle un ou plusieurs « chefs de famille, une ou plusieurs communes, un ou « plusieurs groupes de communes ou états, s'obligent « réciproquement et également les uns envers les autres « pour un ou plusieurs objets particuliers, dont la « charge incombe spécialement alors et exclusivement « aux DÉLÉGUÉS *de la Fédération*. » Puis, vient ce commentaire de l'alliance fédéraliste : « Les contrac-« tants, chefs de famille, communes, cantons, provinces « ou états, se réservent individuellement, en formant « le pacte, plus de droits, de liberté, d'autorité, de pro-« priétés qu'ils n'en abandonnent. »

Proudhon, dans ce livre redoutable, attaque notre nationalité et notre unité ; il y prêche la décentralisation, l'égalité des fortunes, l'abolition des armées permanentes, le droit au travail, garanti par la société, et bien d'autres réformes radicales que les fruits secs de la politique, embusqués dans les clubs, s'empressèrent de réclamer à grands cris.

A la suite de ce naufrage où a failli sombrer notre honneur national, nous éprouvions le besoin de faire remonter toute la responsabilité de nos derniers malheurs à l'homme qui a été la cause première du mouvement communal. Armés de l'Évangile proudhonien, les comparses du 18 mars n'ont fait qu'exécuter, avec férocité, l'idée de leur maître et nous avons assisté à l'événement le plus douloureux de notre histoire : une bande, composée d'envieux, de déclassés, d'impuissants, de conspirateurs étrangers, de suppôts d'estaminet, de fanatiques lettrés et d'ignorants abusés, marcha à l'assaut de la société et de la patrie sous les yeux des Prussiens, escroqua le pouvoir et en fit le plus détestable usage.

En attendant le jugement de l'histoire, laissons à Mazzini le soin de flageller ces misérables. Chaque coup de fouet emporte le morceau. « Un peuple, dit-il, « qui se vautre de la sorte, comme abruti par l'ivresse, « qui se déchire lui-même avec une pareille rage en hur- « lant des cris de triomphe, qui danse une ronde infer- « nale devant le tombeau qu'il se creuse à lui-même, « qui tue, torture, brûle, vocifère comme une bande de « fous furieux ; un peuple pareil nous rappelle les « plus horribles visions du Dante. Les actes de la Com- « mune sont à honnir éternellement ; elle n'avait ni « patriotisme, ni aucun principe d'humanité. Avoir mas-

« sacré les otages, quand leur mort ne pouvait en nulle
« façon profiter à la cause de la Commune, avoir incen-
« dié les édifices qui étaient la gloire de la cité, c'est une
« infamie sans nom. »

La Commune, telle que l'ont pratiquée les hommes
du 18 mars, est une monstruosité politique ; c'est une
honte pour la France et pour l'humanité ; c'est le chaos
dans les idées et l'immoralité dans les principes ; c'est,
en un mot, la négation absolue de tout gouvernement et
de toute société.

Les libertés municipales, au contraire, sagement di-
rigées, ont produit l'unité nationale. Nos assemblées,
nées des États-Généraux et principalement la Convention, nous ont donné la centralisation qui a fait la gran-
deur de la France.

Sachons défendre ces précieuses conquêtes et repoussons, de toutes nos forces, les doctrines malsaines
qui, si elles triomphaient, feraient rétrograder la civilisation et détruiraient à jamais notre influence dans
le monde.

Clichy. — Impr. Paul Dupont et Cie, rue du Bac-d'Asnières, 12. (328-1)